Journal
Alimentaire

love
your

BODY

Le misure del mio corpo

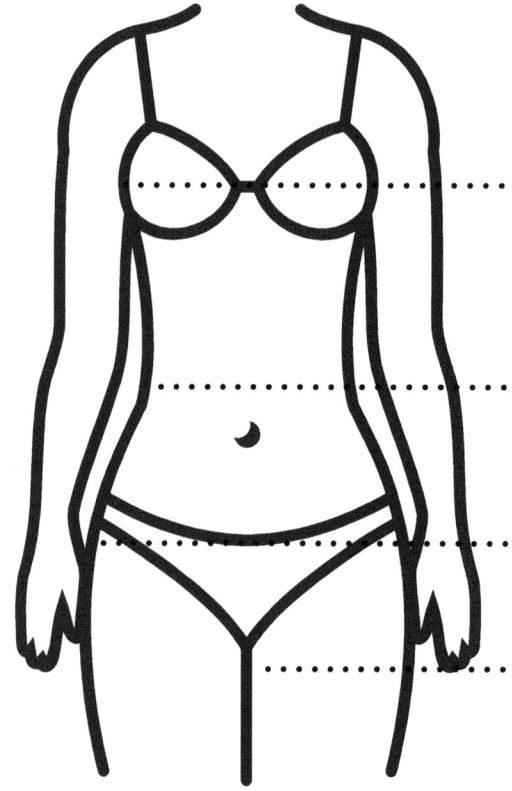

....
BMI

....
Poitrine

....
Taillle

....
Ventre

....
Cuisse

Poids aigu

KFA - Körperfettanteil

....

....

Mon but

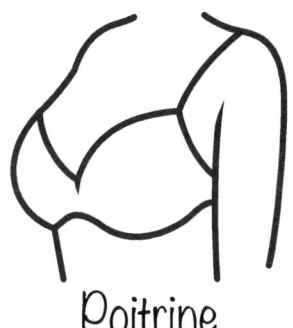

Poitrine

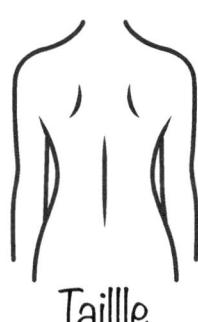

Taillle

Ventre

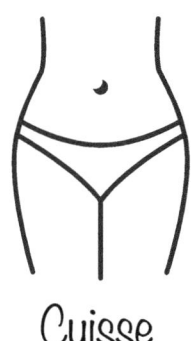

Cuisse

BMI

Poids

Körperfettanteil

Jour de régime:

....../ ..../ ....
date

Petit déjeuner

· ·

· ·

· ·

· ·
CALORIE

Snacks

· ·

· ·

· ·

· ·
CALORIE

Déjeuner

· ·

· ·

· ·

· ·
CALORIE

Dîner

· ·

· ·

· ·

· ·
CALORIE

Activité / Fitness

· ·

· ·

· ·

· ·
                                    DURÉE   CALORIE

Déjà saoul?

1 BOUTEILLE = 0,5L EAU (RECOMMANDÉ 1,5 - 2 L PAR JOUR)

Équilibre calorique

CALORIE TOTAL ....   DÉFICIT ☺

CALORIE CIBLE : ....   EXCÈS ☹

Notes du jour

Temps:

Mon sommeil:

DURÉE .... HEURES

SE RÉVEILLA .... FOIS

Poids:

.... KG

Échelle de satisfaction:

0   10   20   30   40   50   60   70   80   90   100

État de santé

État émotionnel:

NOTES ....

....

....

NOTES ....

....

....

Expériences positives
Succès

NOTES ....

....

....

....

....

Expériences négatives
Pas en arrière

NOTES ....

....

....

....

....

Notes, Learnings, Objectifs et Améliorations:

....

....

....

....

Jour de régime: ⟨ .... ⟩

date
....../ ..../ ....

Petit déjeuner

....
....
....
.... CALORIE

Snacks

....
....
....
.... CALORIE

Déjeuner

....
....
....
.... CALORIE

Dîner

....
....
....
.... CALORIE

Activité / fitness

....
....
....
....
                                      DURÉE   CALORIE

Déjà saoul?

1 BOUTEILLE = 0,5L EAU (RECOMMANDÉ 1,5 - 2 L PAR JOUR)

Équilibre calorique

CALORIE TOTAL ....   DÉFICIT ☺

CALORIE CIBLE : ....   EXCÈS ☹

Notes du jour

Temps:

○   ○   ○   ○   ○

Mon sommeil:

DURÉE .... HEURES

SE RÉVEILLA .... FOIS

Poids:

.... KG

Échelle de satisfaction:

0   10   20   30   40   50   60   70   80   90   100

État de santé

○   ○   ○   ○

État émotionnel:

○   ○   ○   ○

NOTES . . . .

. . . .

. . . .

NOTES . . . .

. . . .

. . . .

Expériences positives
Succès

NOTES . . . .

. . . .

. . . .

. . . .

. . . .

Expériences négatives
Pas en arrière

NOTES . . . .

. . . .

. . . .

. . . .

. . . .

Notes, Learnings, Objectifs et Améliorations:

....

....

....

....

Jour de régime :

date
....../ ....../ ....

(................)

Petit déjeuner

· ·

· ·

· ·

· ·
CALORIE

Snacks

· ·

· ·

· ·

· ·
CALORIE

Déjeuner

· ·

· ·

· ·

· ·
CALORIE

Dîner

· ·

· ·

· ·

· ·
CALORIE

Activité / Fitness

· ·

· ·

· ·

· ·

DURÉE   CALORIE

Déjà saoul?

I BOUTEILLE = 0,5L EAU (RECOMMANDÉ 1,5 - 2 L PAR JOUR)

Équilibre calorique

CALORIE TOTAL ....   DÉFICIT :)

CALORIE CIBLE : ....   EXCÈS :(

Notes du jour

Temps:

○ ○ ○ ○ ○

Mon sommeil:

DURÉE .... HEURES

SE RÉVEILLA .... FOIS

Poids:

.... KG

Échelle de satisfaction:

0   10   20   30   40   50   60   70   80   90   100

État de santé

○   ○   ○   ○

NOTES ....

....

....

État émotionnel:

○   ○   ○   ○

NOTES ....

....

....

Expériences positives Succès

NOTES ....

....

....

....

....

Expériences négatives Pas en arrière

NOTES ....

....

....

....

....

Notes, Learnings, Objectifs et Améliorations:

....

....

....

....

Jour de régime: ⟨.......⟩

date
......./ ..../ ....

Petit déjeuner

· ·
· ·
· ·
· ·
CALORIE

Snacks

· ·
· ·
· ·
· ·
CALORIE

Déjeuner

· ·
· ·
· ·
· ·
CALORIE

Dîner

· ·
· ·
· ·
· ·
CALORIE

Activité / Fitness

· ·
· ·
· ·
· ·
DURÉE   CALORIE

Déjà saoul?

I BOUTEILLE = 0,5L EAU (RECOMMANDÉ 1,5 - 2 L PAR JOUR)

Équilibre calorique

CALORIE TOTAL ....   DÉFICIT ☺

CALORIE CIBLE : ....   EXCÈS ☹

Notes du jour

Temps:

Mon sommeil:

DURÉE .... HEURES

SE RÉVEILLA .... FOIS

Poids:

.... KG

Échelle de satisfaction:

0 10 20 30 40 50 60 70 80 90 100

État de santé

État émotionnel:

NOTES . . . .

. . . .

. . . .

NOTES . . . .

. . . .

. . . .

Expériences positives
Succès

NOTES . . . .

. . . .

. . . .

. . . .

. . . .

Expériences négatives
Pas en arrière

NOTES . . . .

. . . .

. . . .

. . . .

. . . .

Notes, Learnings, Objectifs et Améliorations:

. . . .

. . . .

. . . .

. . . .

Jour de régime:

date
........../ ..../ ....

Petit déjeuner

....

....

....

....
                                    CALORIE

Snacks

....

....

....

....
                                    CALORIE

Déjeuner

....

....

....

....
                                    CALORIE

Dîner

....

....

....

....
                                    CALORIE

Activité / fitness

....

....

....

....
                                      DURÉE   CALORIE

Déjà saoul?

1 BOUTEILLE = 0,5L EAU (RECOMMANDÉ 1,5 - 2 L PAR JOUR)

Équilibre calorique

CALORIE TOTAL ....

CALORIE CIBLE : ....

DÉFICIT 😊

EXCÈS 🙁

Notes du jour

Temps:

○   ○   ○   ○   ○

Mon sommeil:

DURÉE .... HEURES

SE RÉVEILLA .... FOIS

Poids:

.... KG

Échelle de satisfaction:

0 10 20 30 40 50 60 70 80 90 100

État de santé

○   ○   ○   ○

État émotionnel:

○   ○   ○   ○

NOTES ....

....

....

NOTES ....

....

....

Expériences positives
Succès

NOTES ....

....

....

....

....

Expériences négatives
Pas en arrière

NOTES ....

....

....

....

Notes, Learnings, Objectifs et Améliorations:

....

....

....

....

Jour de régime:

date
......./ ..../ ....

Petit déjeuner

· ·

· ·

· ·

· ·
CALORIE

Snacks

· ·

· ·

· ·

· ·
CALORIE

Déjeuner

· ·

· ·

· ·

· ·
CALORIE

Dîner

· ·

· ·

· ·

· ·
CALORIE

Activité / Fitness

· ·

· ·

· ·

· ·
DURÉE   CALORIE

Déjà sooul?

1 BOUTEILLE = 0,5L EAU (RECOMMANDÉ 1,5 - 2 L PAR JOUR)

Équilibre calorique

CALORIE TOTAL ....   DÉFICIT ☺

CALORIE CIBLE : ....   EXCÈS ☹

Notes du jour

Temps:

Mon sommeil:

DURÉE .... HEURES

SE RÉVEILLA .... FOIS

Poids:

.... KG

Échelle de satisfaction:

0   10   20   30   40   50   60   70   80   90   100

État de santé

État émotionnel:

NOTES ....

....

....

NOTES ....

....

....

Expériences positives
Succès

NOTES ....

....

....

....

....

Expériences négatives
Pas en arrière

NOTES ....

....

....

....

Notes, Learnings, Objectifs et Améliorations:

....

....

....

....

Jour de régime:

date
......./ ..../ ....

Petit déjeuner

· ·
· ·
· ·
· ·
CALORIE

Snacks

· ·
· ·
· ·
· ·
CALORIE

Déjeuner

· ·
· ·
· ·
· ·
CALORIE

Dîner

· ·
· ·
· ·
· ·
CALORIE

Activité / Fitness

· ·
· ·
· ·
· ·
DURÉE   CALORIE

Déjà saoul?

1 BOUTEILLE = 0,5L EAU (RECOMMANDÉ 1,5 - 2 L PAR JOUR)

Équilibre calorique

CALORIE TOTAL ....   DÉFICIT ☺

CALORIE CIBLE : ....   EXCÈS ☹

Notes du jour

Temps:

Mon sommeil:

DURÉE .... HEURES

SE RÉVEILLA .... FOIS

Poids:

.... KG

Échelle de satisfaction:

0   10   20   30   40   50   60   70   80   90   100

État de santé

État émotionnel:

NOTES . . . .

. . . .

. . . .

NOTES . . . .

. . . .

. . . .

Expériences positives Succès

Expériences négatives Pas en arrière

NOTES . . . .

. . . .

. . . .

. . . .

. . . .

NOTES . . . .

. . . .

. . . .

. . . .

Notes, Learnings, Objectifs et Améliorations:

. . . .

. . . .

. . . .

. . . .

Jour de régime :

date
....../ ..../ ....

Petit déjeuner

· ·
· ·
· ·
· ·
CALORIE

Snacks

· ·
· ·
· ·
· ·
CALORIE

Déjeuner

· ·
· ·
· ·
· ·
CALORIE

Dîner

· ·
· ·
· ·
· ·
CALORIE

Activité / Fitness

· ·
· ·
· ·
· ·
DURÉE   CALORIE

Déjà saoul?

1 BOUTEILLE = 0,5L EAU (RECOMMANDÉ 1,5 - 2 L PAR JOUR)

Équilibre calorique

CALORIE TOTAL ....   DÉFICIT :)

CALORIE CIBLE : ....   EXCÈS :(

Notes du jour

Temps:

Mon sommeil:

DURÉE .... HEURES

SE RÉVEILLA .... FOIS

Poids:

.... KG

Échelle de satisfaction:

0   10   20   30   40   50   60   70   80   90   100

État de santé

État émotionnel:

NOTES ....

....

....

NOTES ....

....

....

Expériences positives
Succès

Expériences négatives
Pas en arrière

NOTES ....

....

....

....

....

NOTES ....

....

....

....

....

Notes, Learnings, Objectifs et Améliorations:

....

....

....

....

Jour de régime:

⬤ ....

date
....../ ....../ ....

Petit déjeuner 🥐

. . . .

. . . .

. . . .

. . . .
CALORIE

Snacks

. . . .

. . . .

. . . .

. . . .
CALORIE

Déjeuner 🍵

. . . .

. . . .

. . . .

. . . .
CALORIE

Dîner 🍴

. . . .

. . . .

. . . .

. . . .
CALORIE

Activité / Fitness

. . . .

. . . .

. . . .

. . . .
DURÉE   CALORIE

Déjà soaul?

1 BOUTEILLE = 0,5L EAU (RECOMMANDÉ 1,5 - 2 L PAR JOUR)

🍾 🍾 🍾 🍾 🍾

Équilibre calorique

CALORIE TOTAL ....   DÉFICIT 🙂

CALORIE CIBLE : ....   EXCÈS 🙁

Notes du jour

Temps:

Mon sommeil:

DURÉE .... HEURES

SE RÉVEILLA .... FOIS

Poids:

.... KG

Échelle de satisfaction:

0   10   20   30   40   50   60   70   80   90   100

État de santé

État émotionnel:

NOTES ....

....

....

NOTES ....

....

....

Expériences positives Succès

NOTES ....

....

....

....

....

Expériences négatives Pas en arrière

NOTES ....

....

....

....

....

Notes, Learnings, Objectifs et Améliorations:

....

....

....

....

Jour de régime:

date
....../ ..../ ....

Petit déjeuner

. . . .

. . . .

. . . .

. . . . CALORIE

Snacks

. . . .

. . . .

. . . .

. . . . CALORIE

Déjeuner

. . . .

. . . .

. . . .

. . . . CALORIE

Dîner

. . . .

. . . .

. . . .

. . . . CALORIE

Activité / Fitness

. . . .

. . . .

. . . .

. . . .
                                                DURÉE   CALORIE

Déjà saoul?

1 BOUTEILLE = 0,5L EAU (RECOMMANDÉ 1,5 - 2 L PAR JOUR)

Équilibre calorique

CALORIE TOTAL ....   DÉFICIT ☺

CALORIE CIBLE : ....   EXCÈS ☹

Notes du jour

Temps:

Mon sommeil:

DURÉE .... HEURES

SE RÉVEILLA .... FOIS

Poids:

.... KG

Échelle de satisfaction:

0   10   20   30   40   50   60   70   80   90   100

État de santé

État émotionnel:

NOTES ....

....

....

NOTES ....

....

....

Expériences positives
Succès

Expériences négatives
Pas en arrière

NOTES ....

....

....

....

....

NOTES ....

....

....

....

....

Notes, Learnings, Objectifs et Améliorations:

....

....

....

....

Jour de régime:

date
....../ ..../ ....

Petit déjeuner

· ·
· ·
· ·
· ·
CALORIE

Snacks

· ·
· ·
· ·
· ·
CALORIE

Déjeuner

· ·
· ·
· ·
· ·
CALORIE

Dîner

· ·
· ·
· ·
· ·
CALORIE

Activité / fitness

· ·
· ·
· ·
· ·
DURÉE   CALORIE

Déjà saoul?

1 BOUTEILLE = 0,5L EAU (RECOMMANDÉ 1,5 - 2 L PAR JOUR)

Équilibre calorique

CALORIE TOTAL ....   DÉFICIT :)

CALORIE CIBLE : ....   EXCÈS :(

Notes du jour

Temps:

Mon sommeil:

DURÉE .... HEURES

SE RÉVEILLA .... FOIS

Poids:

.... KG

Échelle de satisfaction:

0   10   20   30   40   50   60   70   80   90   100

État de santé

État émotionnel:

NOTES ....

....

....

NOTES ....

....

....

Expériences positives
Succès

NOTES ....

....

....

....

....

Expériences négatives
Pas en arrière

NOTES ....

....

....

....

Notes, Learnings, Objectifs et Améliorations:

....

....

....

....

Jour de régime:

date
....../ ....../ ....

◯

Petit déjeuner

. . . .
. . . .
. . . .
. . . .
CALORIE

Snacks

. . . .
. . . .
. . . .
. . . .
CALORIE

Déjeuner

. . . .
. . . .
. . . .
. . . .
CALORIE

Dîner

. . . .
. . . .
. . . .
. . . .
CALORIE

Activité / Fitness

. . . .
. . . .
. . . .
. . . .
DURÉE   CALORIE

Déjà saoul?

1 BOUTEILLE = 0,5L EAU (RECOMMANDÉ 1,5 - 2 L PAR JOUR)

Équilibre calorique

CALORIE TOTAL ....   DÉFICIT ☺

CALORIE CIBLE : ....   EXCÈS ☹

Notes du jour

Temps:

Mon sommeil:

DURÉE .... HEURES

SE RÉVEILLA .... FOIS

Poids:

.... KG

Échelle de satisfaction:

0   10   20   30   40   50   60   70   80   90   100

État de santé

État émotionnel:

NOTES ....

....

....

NOTES ....

....

....

Expériences positives Succès

Expériences négatives Pas en arrière

NOTES ....

....

....

....

....

NOTES ....

....

....

....

Notes, Learnings, Objectifs et Améliorations:

....

....

....

....

Jour de régime:

date

....../ ....../ ....

(.......)

Petit déjeuner

· ·

· ·

· ·

· ·

CALORIE

Snacks

· ·

· ·

· ·

· ·

CALORIE

Déjeuner

· ·

· ·

· ·

· ·

CALORIE

Dîner

· ·

· ·

· ·

· ·

CALORIE

Activité / Fitness

· ·

· ·

· ·

· ·

DURÉE   CALORIE

Déjà saoul?

1 BOUTEILLE = 0,5L EAU (RECOMMANDÉ 1,5 - 2 L PAR JOUR)

Équilibre calorique

CALORIE TOTAL ....

DÉFICIT ☺

CALORIE CIBLE : ....

EXCÈS ☹

Notes du jour

Temps:

Mon sommeil:

DURÉE .... HEURES

SE RÉVEILLA .... FOIS

Poids:

.... KG

Échelle de satisfaction:

0   10   20   30   40   50   60   70   80   90   100

État de santé

État émotionnel:

NOTES ·

· ·

· ·

NOTES ·

· ·

· ·

Expériences positives Succès

Expériences négatives Pas en arrière

NOTES ·

· ·

· ·

· ·

· ·

NOTES ·

· ·

· ·

· ·

· ·

Notes, Learnings, Objectifs et Améliorations:

· ·

· ·

· ·

· ·

Jour de régime:

date
....../ ..../ ....

Petit déjeuner

· ....

· ·

· ....

· ·
CALORIE

Snacks

· ....

· ·

· ....

· ·
CALORIE

Déjeuner

· ·

· ·

· ....

· ·
CALORIE

Dîner

· ·

· ·

· ....

· ·
CALORIE

Activité / Fitness

· · · · · · · · · · · · · ....

· · · · · · · · · · · · · ....

· · · · · · · · · · · · · ....

· · · · · · · · · · · · · ....
                                              DURÉE   *CALORIE*

Déjà saoul?

I BOUTEILLE = 0,5L EAU (RECOMMANDÉ 1,5 - 2 L PAR JOUR)

Équilibre calorique

CALORIE TOTAL ....   DÉFICIT   :)

CALORIE CIBLE : ....   EXCÈS   :(

Notes du jour

Temps:

Mon sommeil:

DURÉE .... HEURES

SE RÉVEILLA .... FOIS

Poids:

.... KG

Échelle de satisfaction:

0 10 20 30 40 50 60 70 80 90 100

État de santé

État émotionnel:

NOTES ....

....

....

Expériences positives Succès

NOTES ....

....

....

....

....

Expériences négatives Pas en arrière

NOTES ....

....

....

....

....

Notes, Learnings, Objectifs et Améliorations:

....

....

....

....

Jour de régime : ⬤

date
....../ ....../ ....

Petit déjeuner

· ·

· ....

· ....

· ....
CALORIE

Snacks

· ·

· ·

· ·

· ....
CALORIE

Déjeuner

· ....

· ....

· ....

· ....
CALORIE

Dîner

· ·

· ....

· ·

· ....
CALORIE

Activité / fitness

·   · · · · · · · · · · ·   ....

·   · · · · · · · · · · ·   ....

·   · · · · · · · · · · ·   ....

·   · · · · · · · · · · ·   ....
DURÉE   CALORIE

Déjà soul?

1 BOUTEILLE = 0,5L EAU (RECOMMANDÉ 1,5 - 2 L PAR JOUR)

Équilibre calorique

CALORIE TOTAL ....   DÉFICIT ☺

CALORIE CIBLE : ....   EXCÈS ☹

Notes du jour

Temps:

○   ○   ○   ○   ○

Mon sommeil:

DURÉE .... HEURES

SE RÉVEILLA .... FOIS

Poids:

.... KG

Échelle de satisfaction:

0 10 20 30 40 50 60 70 80 90 100

État de santé

○   ○   ○   ○

NOTES . . . .

. . . .

. . . .

État émotionnel:

○   ○   ○   ○

NOTES . . . .

. . . .

. . . .

Expériences positives
Succès

NOTES . . . .

. . . .

. . . .

. . . .

. . . .

Expériences négatives
Pas en arrière

NOTES . . . .

. . . .

. . . .

. . . .

. . . .

Notes, Learnings, Objectifs et Améliorations:

. . . .

. . . .

. . . .

. . . .

Jour de régime:

date
......./ ..../ ....

Petit déjeuner

. . . .
. . . .
. . . .
. . . .
CALORIE

Snacks

. . . .
. . . .
. . . .
. . . .
CALORIE

Déjeuner

. . . .
. . . .
. . . .
. . . .
CALORIE

Dîner

. . . .
. . . .
. . . .
. . . .
CALORIE

Activité / Fitness

. . . .
. . . .
. . . .
. . . .
DURÉE   CALORIE

Déjà saoul?

1 BOUTEILLE = 0,5L EAU (RECOMMANDÉ 1,5 - 2 L PAR JOUR)

Équilibre calorique

CALORIE TOTAL ....   DÉFICIT ☺

CALORIE CIBLE : ....   EXCÈS ☹

Notes du jour

Temps:

○   ○   ○   ○   ○

Mon sommeil:

DURÉE .... HEURES

SE RÉVEILLA .... FOIS

Poids:

.... KG

Échelle de satisfaction:

0   10   20   30   40   50   60   70   80   90   100

État de santé

○   ○   ○   ○

État émotionnel:

○   ○   ○   ○

NOTES ....

....

....

NOTES ....

....

....

Expériences positives Succès

NOTES ....

....

....

....

....

Expériences négatives Pas en arrière

NOTES ....

....

....

....

....

Notes, Learnings, Objectifs et Améliorations:

....

....

....

....

Jour de régime:

date
......../ ..../ ....

Petit déjeuner

. . . .

. . . .

. . . .

. . . . CALORIE

Snacks

. . . .

. . . .

. . . .

. . . . CALORIE

Déjeuner

. . . .

. . . .

. . . .

. . . . CALORIE

Dîner

. . . .

. . . .

. . . .

. . . . CALORIE

Activité / Fitness

. . . .

. . . .

. . . .

. . . .

DURÉE   CALORIE

Déjà saoul?

1 BOUTEILLE = 0,5L EAU (RECOMMANDÉ 1,5 - 2 L PAR JOUR)

Équilibre calorique

CALORIE TOTAL ....   DÉFICIT ☺

CALORIE CIBLE : ....   EXCÈS ☹

Notes du jour

Temps:

Mon sommeil:

DURÉE .... HEURES

SE RÉVEILLA .... FOIS

Poids:

.... KG

Échelle de satisfaction:

0   10   20   30   40   50   60   70   80   90   100

État de santé

État émotionnel:

NOTES . . . .

. . . .

. . . .

NOTES . . . .

. . . .

. . . .

Expériences positives Succès

NOTES . . . .

. . . .

. . . .

. . . .

. . . .

Expériences négatives Pas en arrière

NOTES . . . .

. . . .

. . . .

. . . .

. . . .

Notes, Learnings, Objectifs et Améliorations:

. . . .

. . . .

. . . .

. . . .

Jour de régime:

date
....../ ..../ ....

Petit déjeuner

. . . .

. . . .

. . . .

. . . .
                        CALORIE

Snacks

. . . .

. . . .

. . . .

. . . .
                        CALORIE

Déjeuner

. . . .

. . . .

. . . .

. . . .
                        CALORIE

Dîner

. . . .

. . . .

. . . .

. . . .
                        CALORIE

Activité / Fitness

. . . .

. . . .

. . . .

. . . .

. . . .

. . . .

. . . .

. . . .
            DURÉE   CALORIE

Déjà saoul?

! BOUTEILLE = 0,5L EAU (RECOMMANDÉ 1,5 - 2 L PAR JOUR)

Équilibre calorique

CALORIE TOTAL ....   DÉFICIT ☺

CALORIE CIBLE : ....   EXCÈS ☹

Notes du jour

Temps:

○   ○   ○   ○   ○

Mon sommeil:

DURÉE .... HEURES

SE RÉVEILLA .... FOIS

Poids:

.... KG

Échelle de satisfaction:

0   10   20   30   40   50   60   70   80   90   100

|—·—|—·—|—·—|—·—|—·—|—·—|—·—|—·—|—·—|—·—|

État de santé

○   ○   ○   ○

État émotionnel:

○   ○   ○   ○

NOTES ....

....

....

NOTES ....

....

....

Expériences positives
Succès

NOTES ....

....

....

....

....

Expériences négatives
Pas en arrière

NOTES ....

....

....

....

Notes, Learnings, Objectifs et Améliorations:

....

....

....

....

Jour de régime :

date
......./ ..../ ....

(........)

Petit déjeuner

....
....
....
....
CALORIE

Snacks

....
....
....
....
CALORIE

Déjeuner

....
....
....
....
CALORIE

Dîner

....
....
....
....
CALORIE

Activité / Fitness

....
....
....
....

DURÉE   CALORIE

Déjà saoul ?

1 BOUTEILLE = 0,5L EAU (RECOMMANDÉ 1,5 - 2 L PAR JOUR)

Équilibre calorique

CALORIE TOTAL ....   DÉFICIT :)

CALORIE CIBLE : ....   EXCÈS :(

Notes du jour

Temps:

Mon sommeil:

DURÉE .... HEURES

SE RÉVEILLA .... FOIS

Poids:

.... KG

Échelle de satisfaction:

0   10   20   30   40   50   60   70   80   90   100

État de santé

État émotionnel:

NOTES . . . .

. . . .

. . . .

NOTES . . . .

. . . .

. . . .

Expériences positives Succès

NOTES . . . .

. . . .

. . . .

. . . .

. . . .

Expériences négatives Pas en arrière

NOTES . . . .

. . . .

. . . .

. . . .

. . . .

Notes, Learnings, Objectifs et Améliorations:

. . . .

. . . .

. . . .

. . . .

Jour de régime:

date
......./ ..../ ....

Petit déjeuner

....
....
....
....
CALORIE

Snacks

....
....
....
....
CALORIE

Déjeuner

....
....
....
....
CALORIE

Dîner

....
....
....
....
CALORIE

Activité / Fitness

....
....
....
....
DURÉE   CALORIE

Déjà saoul?

1 BOUTEILLE = 0,5L EAU (RECOMMANDÉ 1,5 - 2 L PAR JOUR)

Équilibre calorique

CALORIE TOTAL ....

CALORIE CIBLE : ....

DÉFICIT ☺

EXCÈS ☹

Notes du jour

Temps:

Mon sommeil:

DURÉE .... HEURES

SE RÉVEILLA .... FOIS

Poids:

.... KG

Échelle de satisfaction:

0 10 20 30 40 50 60 70 80 90 100

État de santé

État émotionnel:

NOTES ·

· ·

· ·

NOTES ·

· ·

· ·

Expériences positives Succès

Expériences négatives Pas en arrière

NOTES ·

· ·

· ·

· ·

· ·

NOTES ·

· ·

· ·

· ·

Notes, Learnings, Objectifs et Améliorations:

....

....

....

....

Jour de régime : (......)

date
....../ ....../ ....

Petit déjeuner

. . . .

. . . .

. . . .

. . . .
CALORIE

Snacks

. . . .

. . . .

. . . .

. . . .
CALORIE

Déjeuner

. . . .

. . . .

. . . .

. . . .
CALORIE

Dîner

. . . .

. . . .

. . . .

. . . .
CALORIE

Activité / Fitness

. . . .

. . . .

. . . .

. . . .
DURÉE   CALORIE

Déjà saoul ?

1 BOUTEILLE = 0,5L EAU (RECOMMANDÉ 1,5 - 2 L PAR JOUR)

Équilibre calorique

CALORIE TOTAL ....   DÉFICIT ☺

CALORIE CIBLE : ....   EXCÈS ☹

Notes du jour

Temps:

Mon sommeil:

DURÉE .... HEURES

SE RÉVEILLA .... FOIS

Poids:

.... KG

Échelle de satisfaction:

0   10   20   30   40   50   60   70   80   90   100

État de santé

État émotionnel:

NOTES ....

....

....

NOTES ....

....

....

Expériences positives Succès

Expériences négatives Pas en arrière

NOTES ....

....

....

....

....

NOTES ....

....

....

....

....

Notes, Learnings, Objectifs et Améliorations:

....

....

....

....

Jour de régime : ....

date
....../ ....../ ....

Petit déjeuner

. . . .
. . . .
. . . .
. . . .
CALORIE

Snacks

. . . .
. . . .
. . . .
. . . .
CALORIE

Déjeuner

. . . .
. . . .
. . . .
. . . .
CALORIE

Dîner

. . . .
. . . .
. . . .
. . . .
CALORIE

Activité / fitness

. . . .
. . . .
. . . .
. . . .
DURÉE   CALORIE

Déjà saoul ?

1 BOUTEILLE = 0,5L EAU (RECOMMANDÉ 1,5 - 2 L PAR JOUR)

Équilibre calorique

CALORIE TOTAL ....

CALORIE CIBLE : ....

DÉFICIT :)

EXCÈS :(

Notes du jour

Temps:

Mon sommeil:

DURÉE .... HEURES

SE RÉVEILLA .... FOIS

Poids:

.... KG

Échelle de satisfaction:

0   10   20   30   40   50   60   70   80   90   100

État de santé

État émotionnel:

NOTES . . . .

. . . .

. . . .

NOTES . . . .

. . . .

. . . .

Expériences positives
Succès

Expériences négatives
Pas en arrière

NOTES . . . .

. . . .

. . . .

. . . .

. . . .

NOTES . . . .

. . . .

. . . .

. . . .

. . . .

Notes, Learnings, Objectifs et Améliorations:

. . . .

. . . .

. . . .

. . . .

Jour de régime:

date
......./......./............

Petit déjeuner

· ·
· ·
· ·
· ·

CALORIE

Snacks

· ·
· ·
· ·
· ·

CALORIE

Déjeuner

· ·
· ·
· ·
· ·

CALORIE

Dîner

· ·
· ·
· ·
· ·

CALORIE

Activité / Fitness

· ·
· ·
· ·
· ·

DURÉE   CALORIE

Déjà saoul?

1 BOUTEILLE = 0,5L EAU (RECOMMANDÉ 1,5 - 2 L PAR JOUR)

Équilibre calorique

CALORIE TOTAL ....   DÉFICIT 🙂

CALORIE CIBLE : ....   EXCÈS ☹

Notes du jour

Temps:

Mon sommeil:

DURÉE .... HEURES

SE RÉVEILLA .... FOIS

Poids:

.... KG

Échelle de satisfaction:

0   10   20   30   40   50   60   70   80   90   100

État de santé

État émotionnel:

NOTES ....

....

....

NOTES ....

....

....

Expériences positives Succès

Expériences négatives Pas en arrière

NOTES ....

....

....

....

....

NOTES ....

....

....

....

....

Notes, Learnings, Objectifs et Améliorations:

....

....

....

....

Jour de régime:

date

....../ ....../ ....

Petit déjeuner

. . . .

. . . .

. . . .

. . . .
CALORIE

Snacks

. . . .

. . . .

. . . .

. . . .
CALORIE

Déjeuner

. . . .

. . . .

. . . .

. . . .
CALORIE

Dîner

. . . .

. . . .

. . . .

. . . .
CALORIE

Activité / Fitness

. . . .

. . . .

. . . .

. . . .
DURÉE   CALORIE

Déjà saoul?

1 BOUTEILLE = 0,5L EAU (RECOMMANDÉ 1,5 - 2 L PAR JOUR)

Équilibre calorique

CALORIE TOTAL ....   DÉFICIT ☺

CALORIE CIBLE : ....   EXCÈS ☹

Notes du jour

Temps:

Mon sommeil:

DURÉE .... HEURES

SE RÉVEILLA .... FOIS

Poids:

.... KG

Échelle de satisfaction:

0   10   20   30   40   50   60   70   80   90   100

État de santé

État émotionnel:

NOTES . . . .

. . . .

. . . .

NOTES . . . .

. . . .

. . . .

Expériences positives Succès

Expériences négatives Pas en arrière

NOTES . . . .

. . . .

. . . .

. . . .

. . . .

NOTES . . . .

. . . .

. . . .

. . . .

. . . .

Notes, Learnings, Objectifs et Améliorations:

. . . .

. . . .

. . . .

. . . .

Jour de régime:

Petit déjeuner

. . . .
. . . .
. . . .
. . . .

CALORIE

Snacks

. . . .
. . . .
. . . .
. . . .

CALORIE

Déjeuner

. . . .
. . . .
. . . .
. . . .

CALORIE

Dîner

. . . .
. . . .
. . . .
. . . .

CALORIE

Activité / Fitness

. . . .
. . . .
. . . .
. . . .

DURÉE   CALORIE

Déjà saoul?

1 BOUTEILLE = 0,5L EAU (RECOMMANDÉ 1,5 - 2 L PAR JOUR)

Équilibre calorique

CALORIE TOTAL ....   DÉFICIT ☺

CALORIE CIBLE : ....   EXCÈS ☹

Notes du jour

Temps:

Mon sommeil:

DURÉE .... HEURES

SE RÉVEILLA .... FOIS

Poids:

.... KG

Échelle de satisfaction:

0   10   20   30   40   50   60   70   80   90   100

État de santé

État émotionnel:

NOTES . . . .

. . . .

. . . .

NOTES . . . .

. . . .

. . . .

Expériences positives Succès

Expériences négatives Pas en arrière

NOTES . . . .

. . . .

. . . .

. . . .

. . . .

NOTES . . . .

. . . .

. . . .

. . . .

. . . .

Notes, Learnings, Objectifs et Améliorations:

. . . .

. . . .

. . . .

. . . .

Jour de régime:

date
....../......../...........

Petit déjeuner

· ·
· ·
· ·
· ·
CALORIE

Snacks

· ·
· ·
· ·
· ·
CALORIE

Déjeuner

· ·
· ·
· ·
· ·
CALORIE

Dîner

· ·
· ·
· ·
· ·
CALORIE

Activité / Fitness

·   · · · · · · ·
·   · · · · · · ·
·   · · · · · · ·
·   · · · · · · ·
DURÉE   CALORIE

Déjà saoul?

1 BOUTEILLE = 0,5L EAU (RECOMMANDÉ 1,5 - 2 L PAR JOUR)

Équilibre calorique

CALORIE TOTAL ....   DÉFICIT :)

CALORIE CIBLE : ....   EXCÈS :(

Notes du jour

Temps:

○ ○ ○ ○ ○

Mon sommeil:

DURÉE .... HEURES

SE RÉVEILLA .... FOIS

Poids:

.... KG

Échelle de satisfaction:

0   10   20   30   40   50   60   70   80   90   100

État de santé

☺ ☺ 😐 ☹

○   ○   ○   ○

NOTES ·

· ·

· ·

État émotionnel:

☺ ☺ 😐 ☹

○   ○   ○   ○

NOTES ·

· ·

· ·

Expériences positives
Succès

NOTES ·

· ·

· ·

· ·

· ·

Expériences négatives
Pas en arrière

NOTES ·

· ·

· ·

· ·

Notes, Learnings, Objectifs et Améliorations:

· ·

· ·

· ·

· ·

Jour de régime :

date
......./ ..../ ....

Petit déjeuner

. . . .
. . . .
. . . .
. . . .
CALORIE

Snacks

. . . .
. . . .
. . . .
. . . .
CALORIE

Déjeuner

. . . .
. . . .
. . . .
. . . .
CALORIE

Dîner

. . . .
. . . .
. . . .
. . . .
CALORIE

Activité / Fitness

. . . .
. . . .
. . . .
. . . .
DURÉE   CALORIE

Déjà saoul?

1 BOUTEILLE = 0,5L EAU (RECOMMANDÉ 1,5 - 2 L PAR JOUR)

Équilibre calorique

CALORIE TOTAL ....   DÉFICIT ☺

CALORIE CIBLE : ....   EXCÈS ☹

Notes du jour

Temps:

Mon sommeil:

DURÉE .... HEURES

SE RÉVEILLA .... FOIS

Poids:

.... KG

Échelle de satisfaction:

0   10   20   30   40   50   60   70   80   90   100

État de santé

État émotionnel:

NOTES ....

....

....

NOTES ....

....

....

Expériences positives Succès

NOTES ....

....

....

....

....

Expériences négatives Pas en arrière

NOTES ....

....

....

....

....

Notes, Learnings, Objectifs et Améliorations:

....

....

....

....

....

Jour de régime:

date
....../ ..../ ....

Petit déjeuner

· ·
· ·
· ·
· ·

CALORIE

Snacks

· ·
· ·
· ·
· ·

CALORIE

Déjeuner

· ·
· ·
· ·
· ·

CALORIE

Dîner

· ·
· ·
· ·
· ·

CALORIE

Activité / Fitness

· · · · · · · · · · · · ·   · · · · · · · · · · · ·
· · · · · · · · · · · · ·   · · · · · · · · · · · ·
· · · · · · · · · · · · ·   · · · · · · · · · · · ·
· · · · · · · · · · · · ·   · · · · · · · · · · · ·

DURÉE   CALORIE

Déjà saoul?

1 BOUTEILLE = 0,5L EAU (RECOMMANDÉ 1,5 - 2 L PAR JOUR)

Équilibre calorique

CALORIE TOTAL ....   DÉFICIT 🙂

CALORIE CIBLE : ....   EXCÈS 🙁

Notes du jour

Temps:

Mon sommeil:

DURÉE .... HEURES

SE RÉVEILLA .... FOIS

Poids:

.... KG

Échelle de satisfaction:

0   10   20   30   40   50   60   70   80   90   100

État de santé

État émotionnel:

NOTES ·

· ·

· ·

NOTES ·

· ·

· ·

Expériences positives Succès

Expériences négatives Pas en arrière

NOTES ·

· ·

· ·

· ·

· ·

NOTES ·

· ·

· ·

· ·

· ·

Notes, Learnings, Objectifs et Améliorations:

....

....

....

....

SLOW progress IS BETTER than no PROGRESS

Zwischenstand

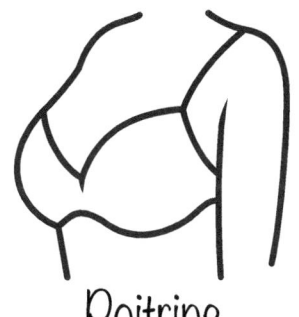

Poitrine

....

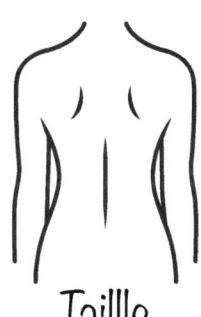

Taillle

....

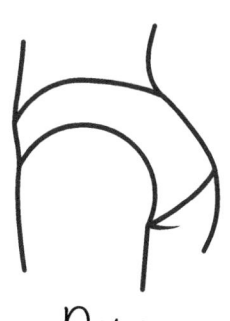

Popo

....

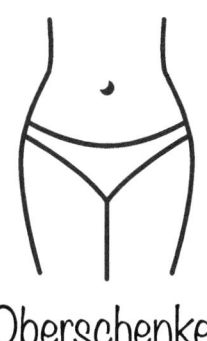

Oberschenkel

....

Zielgewicht

BMI

Körperfettanteil

....

....

Jour de régime: ⟨⋯⟩

date
....../ ....../ ....

Petit déjeuner 🍳

· ·

· ·

· ·

· ·
CALORIE

Snacks

· ·

· ·

· ·

· ·
CALORIE

Déjeuner

· ·

· ·

· ·

· ·
CALORIE

Dîner

· ·

· ·

· ·

· ·
CALORIE

Activité / Fitness

· ·

· ·

· ·

· ·
DURÉE   CALORIE

Déjà soûl?

1 BOUTEILLE = 0,5L EAU (RECOMMANDÉ 1,5 - 2 L PAR JOUR)

Équilibre calorique

CALORIE TOTAL ....

CALORIE CIBLE : ....

DÉFICIT 🙂

EXCÈS 🙁

Notes du jour

Temps:

Mon sommeil:

DURÉE .... HEURES

SE RÉVEILLA .... FOIS

Poids:

.... KG

Échelle de satisfaction:

0   10   20   30   40   50   60   70   80   90   100

État de santé

État émotionnel:

NOTES . . . .

. . . .

. . . .

NOTES . . . .

. . . .

. . . .

Expériences positives
Succès

NOTES . . . .

. . . .

. . . .

. . . .

. . . .

Expériences négatives
Pas en arrière

NOTES . . . .

. . . .

. . . .

. . . .

. . . .

Notes, Learnings, Objectifs et Améliorations:

. . . .

. . . .

. . . .

. . . .

Jour de régime:

date
......./ ..../ ....

○ ....

Petit déjeuner

. . . .
. . . .
. . . .
. . . . CALORIE

Snacks

. . . .
. . . .
. . . .
. . . . CALORIE

Déjeuner

. . . .
. . . .
. . . .
. . . . CALORIE

Dîner

. . . .
. . . .
. . . .
. . . . CALORIE

Activité / Fitness

. . . .
. . . .
. . . .
. . . .
                                    DURÉE   CALORIE

Déjà soûl?

1 BOUTEILLE = 0,5L EAU (RECOMMANDÉ 1,5 - 2 L PAR JOUR)

Équilibre calorique

CALORIE TOTAL ....   DÉFICIT ☺

CALORIE CIBLE : ....   EXCÈS ☹

Notes du jour

Temps:

Mon sommeil:

DURÉE .... HEURES

SE RÉVEILLA .... FOIS

Poids:

.... KG

Échelle de satisfaction:

0   10   20   30   40   50   60   70   80   90   100

État de santé

État émotionnel:

NOTES . . . .

. . . .

. . . .

NOTES . . . .

. . . .

. . . .

Expériences positives Succès

Expériences négatives Pas en arrière

NOTES . . . .

. . . .

. . . .

. . . .

. . . .

NOTES . . . .

. . . .

. . . .

. . . .

. . . .

Notes, Learnings, Objectifs et Améliorations:

....

....

....

....

Jour de régime: ......

date
....../ ..../ ....

Petit déjeuner

....

....

....

....
CALORIE

Snacks

....

....

....

....
CALORIE

Déjeuner

....

....

....

....
CALORIE

Dîner

....

....

....

....
CALORIE

Activité / fitness

....

....

....

....

DURÉE   CALORIE

Déjà saoul?

1 BOUTEILLE = 0,5L EAU (RECOMMANDÉ 1,5 - 2 L PAR JOUR)

Équilibre calorique

CALORIE TOTAL ....   DÉFICIT 🙂

CALORIE CIBLE : ....   EXCÈS 🙁

Notes du jour

Temps:

○ ○ ○ ○ ○

Mon sommeil:

DURÉE .... HEURES

SE RÉVEILLA .... FOIS

Poids:

.... KG

Échelle de satisfaction:

0   10   20   30   40   50   60   70   80   90   100

État de santé

☺ ☺ 😐 ☹
○   ○   ○   ○

État émotionnel:

☺ ☺ 😐 ☹
○   ○   ○   ○

NOTES . . . .

. . . .

. . . .

NOTES . . . .

. . . .

. . . .

Expériences positives Succès

NOTES . . . .

. . . .

. . . .

. . . .

. . . .

Expériences négatives Pas en arrière

NOTES . . . .

. . . .

. . . .

. . . .

. . . .

Notes, Learnings, Objectifs et Améliorations:

. . . .

. . . .

. . . .

. . . .

Jour de régime:

date
....../ ..../ ....

Petit déjeuner

· ·
· ·
· ·
· ·
CALORIE

Snacks

· ·
· ·
· ·
· ·
CALORIE

Déjeuner

· ·
· ·
· ·
· ·
CALORIE

Dîner

· ·
· ·
· ·
· ·
CALORIE

Activité / Fitness

· ·
· ·
· ·
· ·
DURÉE   CALORIE

Déjà saoul?

1 BOUTEILLE = 0,5L EAU (RECOMMANDÉ 1,5 - 2 L PAR JOUR)

Équilibre calorique

CALORIE TOTAL ....

CALORIE CIBLE : ....

DÉFICIT ☺

EXCÈS ☹

Notes du jour

Temps:

Mon sommeil:

DURÉE .... HEURES

SE RÉVEILLA .... FOIS

Poids:

.... KG

Échelle de satisfaction:

0   10   20   30   40   50   60   70   80   90   100

État de santé

État émotionnel:

NOTES ·

· ·

· ·

NOTES ·

· ·

· ·

Expériences positives
Succès

NOTES ·

· ·

· ·

· ·

· ·

Expériences négatives
Pas en arrière

NOTES ·

· ·

· ·

· ·

· ·

Notes, Learnings, Objectifs et Améliorations:

· ·

· ·

· ·

· ·

Jour de régime:

date
......./ ..../ ....

Petit déjeuner

· ·

· ....

· ....

· .... CALORIE

Snacks

· ·

· ....

· ....

· .... CALORIE

Déjeuner

· ·

· ....

· ....

· .... CALORIE

Dîner

· ·

· ....

· ....

· .... CALORIE

Activité / Fitness

·   ....

·   ....

·   ....

·   ....

DURÉE   CALORIE

Déjà saoul?

1 BOUTEILLE = 0,5L EAU (RECOMMANDÉ 1,5 - 2 L PAR JOUR)

Équilibre calorique

CALORIE TOTAL ....   DÉFICIT 🙂

CALORIE CIBLE : ....   EXCÈS 🙁

Notes du jour

Temps:

Mon sommeil:

DURÉE .... HEURES

SE RÉVEILLA .... FOIS

Poids:

.... KG

Échelle de satisfaction:

0 10 20 30 40 50 60 70 80 90 100

État de santé

État émotionnel:

NOTES . . . .

. . . .

. . . .

NOTES . . . .

. . . .

. . . .

Expériences positives Succès

NOTES . . . .

. . . .

. . . .

. . . .

. . . .

Expériences négatives Pas en arrière

NOTES . . . .

. . . .

. . . .

. . . .

. . . .

Notes, Learnings, Objectifs et Améliorations:

. . . .

. . . .

. . . .

. . . .

Jour de régime:

date
......./ ..../ ....

Petit déjeuner

. . . .
. . . .
. . . .
. . . .
CALORIE

Snacks

. . . .
. . . .
. . . .
. . . .
CALORIE

Déjeuner

. . . .
. . . .
. . . .
. . . .
CALORIE

Dîner

. . . .
. . . .
. . . .
. . . .
CALORIE

Activité / Fitness

. . . .
. . . .
. . . .
. . . .
DURÉE   CALORIE

Déjà saoul?

1 BOUTEILLE = 0,5L EAU (RECOMMANDÉ 1,5 - 2 L PAR JOUR)

Équilibre calorique

CALORIE TOTAL . . . .   DÉFICIT 😊

CALORIE CIBLE : . . . .   EXCÈS ☹

Notes du jour

Temps:

Mon sommeil:

DURÉE .... HEURES

SE RÉVEILLA .... FOIS

Poids:

.... KG

Échelle de satisfaction:

0   10   20   30   40   50   60   70   80   90   100

État de santé

État émotionnel:

NOTES ....

....

....

NOTES ....

....

....

Expériences positives
Succès

NOTES ....

....

....

....

....

Expériences négatives
Pas en arrière

NOTES ....

....

....

....

....

Notes, Learnings, Objectifs et Améliorations:

....

....

....

....

Jour de régime:

date
......../ ..../ ....

Petit déjeuner

. . . .

. . . .

. . . .

. . . .
CALORIE

Snacks

. . . .

. . . .

. . . .

. . . .
CALORIE

Déjeuner

. . . .

. . . .

. . . .

. . . .
CALORIE

Dîner

. . . .

. . . .

. . . .

. . . .
CALORIE

Activité / Fitness

. . . .

. . . .

. . . .

. . . .
DURÉE   CALORIE

Déjà saoul?

1 BOUTEILLE = 0,5L EAU (RECOMMANDÉ 1,5 - 2 L PAR JOUR)

Équilibre calorique

CALORIE TOTAL ....   DÉFICIT ☺

CALORIE CIBLE : ....   EXCÈS ☹

Notes du jour

Temps:

○   ○   ○   ○   ○

Mon sommeil:

DURÉE .... HEURES

SE RÉVEILLA .... FOIS

Poids:

.... KG

Échelle de satisfaction:

0   10   20   30   40   50   60   70   80   90   100

État de santé

○   ○   ○   ○

État émotionnel:

○   ○   ○   ○

NOTES . . . .

. . . .

. . . .

NOTES . . . .

. . . .

. . . .

Expériences positives Succès

Expériences négatives Pas en arrière

NOTES . . . .

. . . .

. . . .

. . . .

. . . .

NOTES . . . .

. . . .

. . . .

. . . .

. . . .

Notes, Learnings, Objectifs et Améliorations:

. . . .

. . . .

. . . .

. . . .

Jour de régime:

date
....../ ....../ ....

Petit déjeuner

· ·
· ·
· ·
· ·
CALORIE

Snacks

· ·
· ·
· ·
· ·
CALORIE

Déjeuner

· ·
· ·
· ·
· ·
CALORIE

Dîner

· ·
· ·
· ·
· ·
CALORIE

Activité / Fitness

·   · · · · · · · · · · · · · · · · · ·   · · · · · · · · ·
·   · · · · · · · · · · · · · · · · · ·   · · · · · · · · ·
·   · · · · · · · · · · · · · · · · · ·   · · · · · · · · ·
·   · · · · · · · · · · · · · · · · · ·   · · · · · · · · ·
DURÉE   CALORIE

Déjà saoul?

1 BOUTEILLE = 0,5L EAU (RECOMMANDÉ 1,5 - 2 L PAR JOUR)

Équilibre calorique

CALORIE TOTAL ....   DÉFICIT 🙂

CALORIE CIBLE : ....   EXCÈS 🙁

Notes du jour

Temps:

Mon sommeil:

DURÉE .... HEURES

SE RÉVEILLA .... FOIS

Poids:

.... KG

Échelle de satisfaction:

0   10   20   30   40   50   60   70   80   90   100

État de santé

État émotionnel:

NOTES ....

....

....

NOTES ....

....

....

Expériences positives
Succès

Expériences négatives
Pas en arrière

NOTES ....

....

....

....

....

NOTES ....

....

....

....

....

Notes, Learnings, Objectifs et Améliorations:

....

....

....

....

Jour de régime: ....

date
....../ ..../ ....

Petit déjeuner

· · · · · · · · · · · · · · · · · · ....

· · · · · · · · · · · · · · · · · · ....

· · · · · · · · · · · · · · · · · · ....

· ·
CALORIE

Snacks

· · · · · · · · · · · · · · · · · · ....

· · · · · · · · · · · · · · · · · · ....

· · · · · · · · · · · · · · · · · · ....

· ·
CALORIE

Déjeuner

· · · · · · · · · · · · · · · · · · ....

· · · · · · · · · · · · · · · · · · ....

· · · · · · · · · · · · · · · · · · ....

· ·
CALORIE

Dîner

· · · · · · · · · · · · · · · · · · ....

· · · · · · · · · · · · · · · · · · ....

· · · · · · · · · · · · · · · · · · ....

· ·
CALORIE

Activité / Fitness

· ....

· ....

· ....

· ....
DURÉE   *CALORIE*

Déjà saoul?

1 BOUTEILLE = 0,5L EAU (RECOMMANDÉ 1,5 - 2 L PAR JOUR)

Équilibre calorique

CALORIE TOTAL ....   DÉFICIT ☺

CALORIE CIBLE : ....   EXCÈS ☹

Notes du jour

Temps:

Mon sommeil:

DURÉE .... HEURES

SE RÉVEILLA .... FOIS

Poids:

.... KG

Échelle de satisfaction:

0   10   20   30   40   50   60   70   80   90   100

État de santé

État émotionnel:

NOTES . . . .

. . . .

. . . .

NOTES . . . .

. . . .

. . . .

Expériences positives Succès

Expériences négatives Pas en arrière

NOTES . . . .

. . . .

. . . .

. . . .

. . . .

NOTES . . . .

. . . .

. . . .

. . . .

. . . .

Notes, Learnings, Objectifs et Améliorations:

. . . .

. . . .

. . . .

. . . .

Jour de régime:

......../ ..../ ....
date

Petit déjeuner

· ·

· ·

· ·

· ·
CALORIE

Snacks

· ·

· ·

· ·

· ·
CALORIE

Déjeuner

· ·

· ·

· ·

· ·
CALORIE

Dîner

· ·

· ·

· ·

· ·
CALORIE

Activité / fitness

· ·

· ·

· ·

· ·
DURÉE   CALORIE

Déjà saoul?

I BOUTEILLE = 0,5L EAU (RECOMMANDÉ 1,5 - 2 L PAR JOUR)

Équilibre calorique

CALORIE TOTAL ....   DÉFICIT ☺

CALORIE CIBLE : ....   EXCÈS ☹

Notes du jour

Temps:

○   ○   ○   ○   ○

Mon sommeil:

DURÉE .... HEURES

SE RÉVEILLA .... FOIS

Poids:

.... KG

Échelle de satisfaction:

0   10   20   30   40   50   60   70   80   90   100

État de santé

☺   ☺   ☺   ☹

○   ○   ○   ○

État émotionnel:

☺   ☺   ☺   ☹

○   ○   ○   ○

NOTES ·

· ·

· ·

NOTES ·

· ·

· ·

Expériences positives Succès

NOTES ·

· ·

· ·

· ·

· ·

Expériences négatives Pas en arrière

NOTES ·

· ·

· ·

· ·

· ·

Notes, Learnings, Objectifs et Améliorations:

· ·

· ·

· ·

· ·

Jour de régime:

date
......./ ..../ ....

Petit déjeuner

. . . .
. . . .
. . . .
. . . .
CALORIE

Snacks

. . . .
. . . .
. . . .
. . . .
CALORIE

Déjeuner

. . . .
. . . .
. . . .
. . . .
CALORIE

Dîner

. . . .
. . . .
. . . .
. . . .
CALORIE

Activité / Fitness

. . . .
. . . .
. . . .
. . . .
DURÉE   CALORIE

Déjà saoul?

1 BOUTEILLE = 0,5L EAU (RECOMMANDÉ 1,5 - 2 L PAR JOUR)

Équilibre calorique

CALORIE TOTAL ....   DÉFICIT ☺

CALORIE CIBLE : ....   EXCÈS ☹

Notes du jour

Temps:

Mon sommeil:

DURÉE .... HEURES

SE RÉVEILLA .... FOIS

Poids:

.... KG

Échelle de satisfaction:

0 10 20 30 40 50 60 70 80 90 100

État de santé

État émotionnel:

NOTES . . . .

. . . .

. . . .

NOTES . . . .

. . . .

. . . .

Expériences positives
Succès

Expériences négatives
Pas en arrière

NOTES . . . .

. . . .

. . . .

. . . .

. . . .

NOTES . . . .

. . . .

. . . .

. . . .

. . . .

Notes, Learnings, Objectifs et Améliorations:

....

....

....

....

Jour de régime: ....
date
....../ ..../ ....

Petit déjeuner
· ·
· ·
· ·
· ·
CALORIE

Snacks
· ·
· ·
· ·
· ·
CALORIE

Déjeuner
· ·
· ·
· ·
· ·
CALORIE

Dîner
· ·
· ·
· ·
· ·
CALORIE

Activité / fitness
·   · · · · · · · · · · · · · · ·
·   · · · · · · · · · · · · · · ·
·   · · · · · · · · · · · · · · ·
·   · · · · · · · · · · · · · · ·
DURÉE   CALORIE

Déjà saoul?
1 BOUTEILLE = 0,5L EAU (RECOMMANDÉ 1,5 - 2 L PAR JOUR)

Équilibre calorique

CALORIE TOTAL ....   DÉFICIT :)

CALORIE CIBLE : ....   EXCÈS :(

Notes du jour

Temps:

Mon sommeil:

DURÉE .... HEURES

SE RÉVEILLA .... FOIS

Poids:

.... KG

Échelle de satisfaction:

0   10   20   30   40   50   60   70   80   90   100

État de santé

État émotionnel:

NOTES ....

....

....

Expériences positives
Succès

NOTES ....

....

....

....

....

Expériences négatives
Pas en arrière

NOTES ....

....

....

....

....

Notes, Learnings, Objectifs et Améliorations:

....

....

....

....

Jour de régime :

date
......./ ..../ ....

Petit déjeuner

· ·
· ·
· ·
· ·
CALORIE

Snacks

· ·
· ·
· ·
· ·
CALORIE

Déjeuner

· ·
· ·
· ·
· ·
CALORIE

Dîner

· ·
· ·
· ·
· ·
CALORIE

Activité / Fitness

· ·
· ·
· ·
· ·
DURÉE   CALORIE

Déjà saoul?

1 BOUTEILLE = 0,5L EAU (RECOMMANDÉ 1,5 - 2 L PAR JOUR)

Équilibre calorique

CALORIE TOTAL ....   DÉFICIT ☺

CALORIE CIBLE : ....   EXCÈS ☹

Notes du jour

Temps:

Mon sommeil:

DURÉE .... HEURES

SE RÉVEILLA .... FOIS

Poids:

.... KG

Échelle de satisfaction:

0   10   20   30   40   50   60   70   80   90   100

État de santé

État émotionnel:

NOTES ....

....

....

NOTES ....

....

....

Expériences positives
Succès

NOTES ....

....

....

....

....

Expériences négatives
Pas en arrière

NOTES ....

....

....

....

....

Notes, Learnings, Objectifs et Améliorations:

....

....

....

....

Jour de régime:

date
......./ ..../ ....

Petit déjeuner

· ·
· ·
· ·
· CALORIE

Snacks

· ·
· ·
· ·
· CALORIE

Déjeuner

· ·
· ·
· ·
· CALORIE

Dîner

· ·
· ·
· ·
· CALORIE

Activité / Fitness

· ·
· ·
· ·
· ·

DURÉE   CALORIE

Déjà saoul?

1 BOUTEILLE = 0,5L EAU (RECOMMANDÉ 1,5 - 2 L PAR JOUR)

Équilibre calorique

CALORIE TOTAL ....

CALORIE CIBLE : ....

DÉFICIT 🙂

EXCÈS 🙁

Notes du jour

Temps:

Mon sommeil:

DURÉE .... HEURES

SE RÉVEILLA .... FOIS

Poids:

.... KG

Échelle de satisfaction:

0   10   20   30   40   50   60   70   80   90   100

État de santé

État émotionnel:

NOTES ·

· ·

· ·

NOTES ·

· ·

· ·

Expériences positives
Succès

Expériences négatives
Pas en arrière

NOTES ·

· ·

· ·

· ·

· ·

NOTES ·

· ·

· ·

· ·

· ·

Notes, Learnings, Objectifs et Améliorations:

....

....

....

....

Jour de régime:

date
....../ ....../ ....

Petit déjeuner

·   · · · · · · · · · · · ·
·   · · · · · · · · · · · ·
·   · · · · · · · · · · · ·
·   · · · · · · · · · · · ·
                              CALORIE

Snacks

·   · · · · · · · · · · · ·
·   · · · · · · · · · · · ·
·   · · · · · · · · · · · ·
·   · · · · · · · · · · · ·
                              CALORIE

Déjeuner

·   · · · · · · · · · · · ·
·   · · · · · · · · · · · ·
·   · · · · · · · · · · · ·
·   · · · · · · · · · · · ·
                              CALORIE

Dîner

·   · · · · · · · · · · · ·
·   · · · · · · · · · · · ·
·   · · · · · · · · · · · ·
·   · · · · · · · · · · · ·
                              CALORIE

Activité / Fitness

·   · · · · · · · · · · · · · ·
·   · · · · · · · · · · · · · ·
·   · · · · · · · · · · · · · ·
·   · · · · · · · · · · · · · ·
                              DURÉE   CALORIE

Déjà saoul?

1 BOUTEILLE = 0,5L EAU (RECOMMANDÉ 1,5 - 2 L PAR JOUR)

Équilibre calorique

CALORIE TOTAL ....   DÉFICIT 🙂

CALORIE CIBLE : ....   EXCÈS 🙁

Notes du jour

Temps:

Mon sommeil:

DURÉE .... HEURES

SE RÉVEILLA .... FOIS

Poids:

.... KG

Échelle de satisfaction:

0   10   20   30   40   50   60   70   80   90   100

État de santé

État émotionnel:

NOTES . . . .

. . . .

. . . .

NOTES . . . .

. . . .

. . . .

Expériences positives
Succès

Expériences négatives
Pas en arrière

NOTES . . . .

. . . .

. . . .

. . . .

. . . .

NOTES . . . .

. . . .

. . . .

. . . .

. . . .

Notes, Learnings, Objectifs et Améliorations:

. . . .

. . . .

. . . .

. . . .

Jour de régime:

date
......./ ..../ ....

....

Petit déjeuner

....
....
....
....

CALORIE

Déjeuner

....
....
....
....

CALORIE

Snacks

....
....
....
....

CALORIE

Dîner

....
....
....
....

CALORIE

Activité / Fitness

....
....
....
....

DURÉE   CALORIE

Déjà saoul?

1 BOUTEILLE = 0,5L EAU (RECOMMANDÉ 1,5 - 2 L PAR JOUR)

Équilibre calorique

CALORIE TOTAL ....   DÉFICIT ☺

CALORIE CIBLE : ....   EXCÈS ☹

Notes du jour

Temps:

Mon sommeil:

DURÉE .... HEURES

SE RÉVEILLA .... FOIS

Poids:

.... KG

Échelle de satisfaction:

0   10   20   30   40   50   60   70   80   90   100

État de santé

État émotionnel:

NOTES ....

....

....

Expériences positives Succès

NOTES ....

....

....

....

....

NOTES ....

....

....

Expériences négatives Pas en arrière

NOTES ....

....

....

....

....

Notes, Learnings, Objectifs et Améliorations:

....

....

....

....

Jour de régime:

date
......../ ..../ ....

Petit déjeuner

· ·
· ·
· ·
· ·
CALORIE

Snacks

· ·
· ·
· ·
· ·
CALORIE

Déjeuner

· ·
· ·
· ·
· ·
CALORIE

Dîner

· ·
· ·
· ·
· ·
CALORIE

Activité / Fitness

· ·
· ·
· ·
· ·
DURÉE   CALORIE

Déjà saoul?

1 BOUTEILLE = 0,5L EAU (RECOMMANDÉ 1,5 - 2 L PAR JOUR)

Équilibre calorique

CALORIE TOTAL ....   DÉFICIT ☺

CALORIE CIBLE : ....   EXCÈS ☹

Notes du jour

Temps:

Mon sommeil:

DURÉE .... HEURES

SE RÉVEILLA .... FOIS

Poids:

.... KG

Échelle de satisfaction:

0   10   20   30   40   50   60   70   80   90   100

État de santé

État émotionnel:

NOTES . . . .

. . . .

. . . .

NOTES . . . .

. . . .

. . . .

Expériences positives Succès

Expériences négatives Pas en arrière

NOTES . . . .

. . . .

. . . .

. . . .

. . . .

NOTES . . . .

. . . .

. . . .

. . . .

. . . .

Notes, Learnings, Objectifs et Améliorations:

. . . .

. . . .

. . . .

. . . .

Jour de régime:

date
......./ ..../ ....

Petit déjeuner

....

....

....

....
CALORIE

Snacks

....

....

....

....
CALORIE

Déjeuner

....

....

....

....
CALORIE

Dîner

....

....

....

....
CALORIE

Activité / Fitness

....

....

....

....
DURÉE   CALORIE

Déjà sooul?

1 BOUTEILLE = 0,5L EAU (RECOMMANDÉ 1,5 - 2 L PAR JOUR)

Équilibre calorique

CALORIE TOTAL ....   DÉFICIT ☺

CALORIE CIBLE : ....   EXCÈS ☹

Notes du jour

Temps:

Mon sommeil:

DURÉE .... HEURES

SE RÉVEILLA .... FOIS

Poids:

.... KG

Échelle de satisfaction:

0   10   20   30   40   50   60   70   80   90   100

État de santé

État émotionnel:

NOTES . . . .

. . . .

. . . .

NOTES . . . .

. . . .

. . . .

Expériences positives Succès

Expériences négatives Pas en arrière

NOTES . . . .

. . . .

. . . .

. . . .

. . . .

NOTES . . . .

. . . .

. . . .

. . . .

. . . .

Notes, Learnings, Objectifs et Améliorations:

. . . .

. . . .

. . . .

. . . .

Jour de régime:

Petit déjeuner

. . . .
. . . .
. . . .
. . . .

CALORIE

Snacks

. . . .
. . . .
. . . .
. . . .

CALORIE

Déjeuner

. . . .
. . . .
. . . .
. . . .

CALORIE

Dîner

. . . .
. . . .
. . . .
. . . .

CALORIE

Activité / Fitness

. . . .
. . . .
. . . .
. . . .

DURÉE   CALORIE

Déjà saoul?

1 BOUTEILLE = 0,5L EAU (RECOMMANDÉ 1,5 - 2 L PAR JOUR)

Équilibre calorique

CALORIE TOTAL ....   DÉFICIT 😊

CALORIE CIBLE : ....   EXCÈS ☹

Notes du jour

Temps:

Mon sommeil:

DURÉE .... HEURES

SE RÉVEILLA .... FOIS

Poids:

.... KG

Échelle de satisfaction:

0   10   20   30   40   50   60   70   80   90   100

État de santé

État émotionnel:

NOTES . . . .

. . . .

. . . .

NOTES . . . .

. . . .

. . . .

Expériences positives
Succès

NOTES . . . .

. . . .

. . . .

. . . .

. . . .

Expériences négatives
Pas en arrière

NOTES . . . .

. . . .

. . . .

. . . .

. . . .

Notes, Learnings, Objectifs et Améliorations:

. . . .

. . . .

. . . .

. . . .

Jour de régime :

date
......./......./...........

Petit déjeuner

· ·
· ·
· ·
· ·
CALORIE

Snacks

· ·
· ·
· ·
· ·
CALORIE

Déjeuner

· ·
· ·
· ·
· ·
CALORIE

Dîner

· ·
· ·
· ·
· ·
CALORIE

Activité / Fitness

· ·
· ·
· ·
· ·

DURÉE   CALORIE

Déjà soûl?

1 BOUTEILLE = 0,5L EAU (RECOMMANDÉ 1,5 - 2 L PAR JOUR)

Équilibre calorique

CALORIE TOTAL ....   DÉFICIT ☺

CALORIE CIBLE : ....   EXCÈS ☹

Notes du jour

Temps:

Mon sommeil:

DURÉE .... HEURES

SE RÉVEILLA .... FOIS

Poids:

.... KG

Échelle de satisfaction:

0   10   20   30   40   50   60   70   80   90   100

État de santé

État émotionnel:

NOTES . . . .

. . . .

. . . .

NOTES . . . .

. . . .

. . . .

Expériences positives
Succès

NOTES . . . .

. . . .

. . . .

. . . .

. . . .

Expériences négatives
Pas en arrière

NOTES . . . .

. . . .

. . . .

. . . .

. . . .

Notes, Learnings, Objectifs et Améliorations:

....

....

....

....

Jour de régime:

⬤

date
....../ ..../ ....

Petit déjeuner

· ·

· ·

· ·

· ·
CALORIE

Snacks

· ·

· ·

· ·

· ·
CALORIE

Déjeuner

· ·

· ·

· ·

· ·
CALORIE

Dîner

· ·

· ·

· ·

· ·
CALORIE

Activité / Fitness

· ·

· ·

· ·

· ·
DURÉE   _CALORIE_

Déjà soroul?

1 BOUTEILLE = 0,5L EAU (RECOMMANDÉ 1,5 - 2 L PAR JOUR)

🍾 🍾 🍾 🍾 🍾

Équilibre calorique

CALORIE TOTAL ....   DÉFICIT 🙂

CALORIE CIBLE : ....   EXCÈS ☹️

Notes du jour

Temps:

○   ○   ○   ○   ○

Mon sommeil:

DURÉE .... HEURES

SE RÉVEILLA .... FOIS

Poids:

.... KG

Échelle de satisfaction:

0   10   20   30   40   50   60   70   80   90   100

État de santé

○   ○   ○   ○

État émotionnel:

○   ○   ○   ○

NOTES . . . .

. . . .

. . . .

NOTES . . . .

. . . .

. . . .

Expériences positives
Succès

NOTES . . . .

. . . .

. . . .

. . . .

. . . .

Expériences négatives
Pas en arrière

NOTES . . . .

. . . .

. . . .

. . . .

. . . .

Notes, Learnings, Objectifs et Améliorations:

. . . .

. . . .

. . . .

. . . .

Jour de régime:

date
....../ ....../ ....

Petit déjeuner

. . . .

. . . .

. . . .

. . . . CALORIE

Snacks

. . . .

. . . .

. . . .

. . . . CALORIE

Déjeuner

. . . .

. . . .

. . . .

. . . . CALORIE

Dîner

. . . .

. . . .

. . . .

. . . . CALORIE

Activité / Fitness

. . . .

. . . .

. . . .

. . . .

DURÉE   CALORIE

Déjà saoul?

1 BOUTEILLE = 0,5L EAU (RECOMMANDÉ 1,5 - 2 L PAR JOUR)

Équilibre calorique

CALORIE TOTAL ....   DÉFICIT 🙂

CALORIE CIBLE : ....   EXCÈS 🙁

Notes du jour

Temps:

Mon sommeil:

DURÉE .... HEURES

SE RÉVEILLA .... FOIS

Poids:

.... KG

Échelle de satisfaction:

0   10   20   30   40   50   60   70   80   90   100

État de santé

État émotionnel:

NOTES ....

....

....

NOTES ....

....

....

Expériences positives
Succès

Expériences négatives
Pas en arrière

NOTES ....

....

....

....

....

NOTES ....

....

....

....

....

Notes, Learnings, Objectifs et Améliorations:

....

....

....

....

Jour de régime:

date
........./ ..../ ....

Petit déjeuner

· ·
· ·
· ·
· ·
CALORIE

Snacks

· ·
· ·
· ·
· ·
CALORIE

Déjeuner

· ·
· ·
· ·
· ·
CALORIE

Dîner

· ·
· ·
· ·
· ·
CALORIE

Activité / Fitness

· ·
· ·
· ·
· ·
DURÉE   CALORIE

Déjà saoul?

1 BOUTEILLE = 0,5L EAU (RECOMMANDÉ 1,5 - 2 L PAR JOUR)

Équilibre calorique

CALORIE TOTAL ....   DÉFICIT :)

CALORIE CIBLE : ....   EXCÈS :(

Notes du jour

Temps:

Mon sommeil:

DURÉE .... HEURES

SE RÉVEILLA .... FOIS

Poids:

.... KG

Échelle de satisfaction:

0   10   20   30   40   50   60   70   80   90   100

État de santé

État émotionnel:

NOTES . . . .

. . . .

. . . .

NOTES . . . .

. . . .

. . . .

Expériences positives Succès

Expériences négatives Pas en arrière

NOTES . . . .

. . . .

. . . .

. . . .

. . . .

NOTES . . . .

. . . .

. . . .

. . . .

. . . .

Notes, Learnings, Objectifs et Améliorations:

....

....

....

....

Jour de régime:

date
....../ ..../ ....

Petit déjeuner

. . . .
. . . .
. . . .
. . . . CALORIE

Snacks

. . . .
. . . .
. . . .
. . . . CALORIE

Déjeuner

. . . .
. . . .
. . . .
. . . . CALORIE

Dîner

. . . .
. . . .
. . . .
. . . . CALORIE

Activité / Fitness

. . . .
. . . .
. . . .
. . . .
                                        DURÉE   CALORIE

Déjà saoul?

1 BOUTEILLE = 0,5L EAU (RECOMMANDÉ 1,5 - 2 L PAR JOUR)

Équilibre calorique

CALORIE TOTAL ....   DÉFICIT ☺

CALORIE CIBLE : ....   EXCÈS ☹

Notes du jour

Temps:

Mon sommeil:

DURÉE .... HEURES

SE RÉVEILLA .... FOIS

Poids:

.... KG

Échelle de satisfaction:

0   10   20   30   40   50   60   70   80   90   100

État de santé

État émotionnel:

NOTES . . . .

. . . .

. . . .

NOTES . . . .

. . . .

. . . .

Expériences positives Succès

Expériences négatives Pas en arrière

NOTES . . . .

. . . .

. . . .

. . . .

. . . .

NOTES . . . .

. . . .

. . . .

. . . .

. . . .

Notes, Learnings, Objectifs et Améliorations:

....

....

....

....

Jour de régime:

date
....../ ....../ ....

Petit déjeuner

. . . .
. . . .
. . . .
. . . .
CALORIE

Snacks

. . . .
. . . .
. . . .
. . . .
CALORIE

Déjeuner

. . . .
. . . .
. . . .
. . . .
CALORIE

Dîner

. . . .
. . . .
. . . .
. . . .
CALORIE

Activité / Fitness

. . . .
. . . .
. . . .
. . . .
DURÉE   CALORIE

Déjà saoul?

1 BOUTEILLE = 0,5L EAU (RECOMMANDÉ 1,5 - 2 L PAR JOUR)

Équilibre calorique

CALORIE TOTAL ....

CALORIE CIBLE : ....

DÉFICIT :)

EXCÈS :(

Notes du jour

Temps:

○   ○   ○   ○   ○

Mon sommeil:

DURÉE .... HEURES

SE RÉVEILLA .... FOIS

Poids:

.... KG

Échelle de satisfaction:

0   10   20   30   40   50   60   70   80   90   100

État de santé

○   ○   ○   ○

État émotionnel:

○   ○   ○   ○

NOTES . . . .

. . . .

. . . .

NOTES . . . .

. . . .

. . . .

Expériences positives
Succès

NOTES . . . .

. . . .

. . . .

. . . .

. . . .

Expériences négatives
Pas en arrière

NOTES . . . .

. . . .

. . . .

. . . .

Notes, Learnings, Objectifs et Améliorations:

. . . .

. . . .

. . . .

. . . .

Jour de régime:

date
......./ ..../ ....

Petit déjeuner

· ·

· ·

· ·

· ·
CALORIE

Snacks

· ·

· ·

· ·

· ·
CALORIE

Déjeuner

· ·

· ·

· ·

· ·
CALORIE

Dîner

· ·

· ·

· ·

· ·
CALORIE

Activité / Fitness

· ·

· ·

· ·

· ·
DURÉE   CALORIE

Déjà saoul?

1 BOUTEILLE = 0,5L EAU (RECOMMANDÉ 1,5 - 2 L PAR JOUR)

Équilibre calorique

CALORIE TOTAL ....   DÉFICIT ☺

CALORIE CIBLE : ....   EXCÈS ☹

Notes du jour

Temps:

○   ○   ○   ○   ○

Mon sommeil:

DURÉE .... HEURES

SE RÉVEILLA .... FOIS

Poids:

.... KG

Échelle de satisfaction:

0   10   20   30   40   50   60   70   80   90   100

État de santé

○   ○   ○   ○

NOTES . . . .

. . . .

. . . .

État émotionnel:

○   ○   ○   ○

NOTES . . . .

. . . .

. . . .

Expériences positives Succès

NOTES . . . .

. . . .

. . . .

. . . .

. . . .

Expériences négatives Pas en arrière

NOTES . . . .

. . . .

. . . .

. . . .

Notes, Learnings, Objectifs et Améliorations:

. . . .

. . . .

. . . .

. . . .

Jour de régime:

date
....../ ..../ ....

Petit déjeuner

· ·
· ·
· ·
· ·
CALORIE

Snacks

· ·
· ·
· ·
· ·
CALORIE

Déjeuner

· ·
· ·
· ·
· ·
CALORIE

Dîner

· ·
· ·
· ·
· ·
CALORIE

Activité / Fitness

· ·
· ·
· ·
· ·
DURÉE   CALORIE

Déjà soul?

I BOUTEILLE = 0,5L EAU (RECOMMANDÉ 1,5 - 2 L PAR JOUR)

Équilibre calorique

CALORIE TOTAL ....   DÉFICIT ☺

CALORIE CIBLE : ....   EXCÈS ☹

Notes du jour

Temps:

○   ○   ○   ○   ○

Mon sommeil:
DURÉE .... HEURES
SE RÉVEILLA .... FOIS

Poids:
.... KG

Échelle de satisfaction:
0   10   20   30   40   50   60   70   80   90   100

État de santé
○   ○   ○   ○

État émotionnel:
○   ○   ○   ○

NOTES . . . .
. . . .
. . . .

NOTES . . . .
. . . .
. . . .

Expériences positives Succès

Expériences négatives Pas en arrière

NOTES . . . .
. . . .
. . . .
. . . .
. . . .

NOTES . . . .
. . . .
. . . .
. . . .
. . . .

Notes, Learnings, Objectifs et Améliorations:

....
....
....
....

Jour de régime:

date
....../ ....../ ....

Petit déjeuner

. . . .
. . . .
. . . .
. . . .
CALORIE

Snacks

. . . .
. . . .
. . . .
. . . .
CALORIE

Déjeuner

. . . .
. . . .
. . . .
. . . .
CALORIE

Dîner

. . . .
. . . .
. . . .
. . . .
CALORIE

Activité / Fitness

. . . .
. . . .
. . . .
. . . .
DURÉE   CALORIE

Déjà saoul?

1 BOUTEILLE = 0,5L EAU (RECOMMANDÉ 1,5 - 2 L PAR JOUR)

Équilibre calorique

CALORIE TOTAL ....   DÉFICIT 🙂

CALORIE CIBLE : ....   EXCÈS 🙁

Notes du jour

Temps:

○   ○   ○   ○   ○

Mon sommeil:

DURÉE .... HEURES

SE RÉVEILLA .... FOIS

Poids:

.... KG

Échelle de satisfaction:

0   10   20   30   40   50   60   70   80   90   100
├┄┄┼┄┄┼┄┄┼┄┄┼┄┄┼┄┄┼┄┄┼┄┄┼┄┄┼┄┄┤

État de santé

😄   🙂   😐   🙁
○   ○   ○   ○

État émotionnel:

😄   🙂   😐   🙁
○   ○   ○   ○

NOTES ....

....

....

NOTES ....

....

....

Expériences positives Succès

NOTES ....

....

....

....

....

Expériences négatives Pas en arrière

NOTES ....

....

....

....

....

Notes, Learnings, Objectifs et Améliorations:

....

....

....

....

Avant

Après

Résultat final

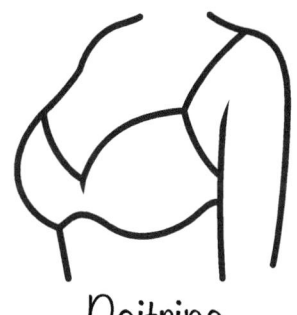

Poitrine

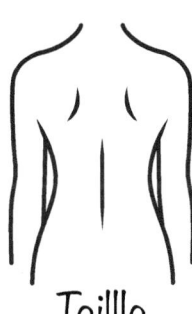

Taillle

Ventre

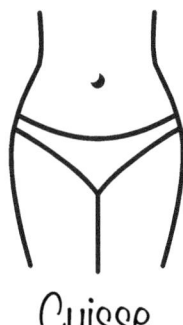

Cuisse

BMI

Poids

Körperfettanteil

Impressum

Feedback:
feedback@mertens-publication.de

Edition : Books on Demand,
12/14 rond-Point des Champs-Elysées, 75008 Paris
Impression : BoD - Books on Demand, Norderstedt, Allemagne
ISBN :
9782322091317
Dépôt légal : Août 2019

Mertens Ventures Ltd.
Tefkrou Anthia No 2 Office 301
6045 Larnaca
Zypern
E-Mail: kontakt@mertens-publication.de